En camino hacia la libertad

Una mirada bíblica a la aventura de la vida

PABLO CIRUJEDA

En camino hacia la libertad

Una mirada bíblica a la aventura de la vida

SAN PABLO

© SAN PABLO 2024 (Protasio Gómez, 11-15. 28027 Madrid)
   Tel. 917 425 113 - Fax 917 425 723
   E-mail: secretaria.edit@sanpablo.es - www.sanpablo.es
© Pablo Cirujeda, 2024

Distribución: SAN PABLO. División Comercial
Resina, 1. 28021 Madrid
Tel. 917 987 375 - Fax 915 052 050
E-mail: ventas@sanpablo.es
ISBN: 978-84-285-7030-5
Depósito legal: M. 391-2024
Impreso en Artes Gráficas Gar.Vi. 28970 Humanes (Madrid)
Printed in Spain. Impreso en España

Con toda humildad quiero ofrecer estas reflexiones iluminadas por el relato bíblico del Éxodo, que ha fascinado desde antiguo a los hombres y mujeres de fe y que es una metáfora de la vida misma. Deseo que lleguen a ser una motivación para alcanzar el desapego y la libertad necesarios para lograr una vida verdaderamente confiada en la bondad y la misericordia de su Creador.

PABLO CIRUJEDA

Prólogo

Para un escritor es siempre una satisfacción que le pidan hacer el prólogo de un libro, pero esta se acrecienta si el autor es un amigo, al que además admiras. Conozco a Pablo Cirujeda desde hace muchos años y hay pocas personas como él para hablar de éxodos, que es de lo que trata su libro. Su camino hacia la libertad empezó en Cataluña, estuvo unos años en África y otros en Estados Unidos, para finalmente acampar en un barrio marginal del Distrito Federal de México, desde donde escribe y atiende, como sacerdote y médico, a personas con todo tipo de problemas.

El autor, en este libro, analiza los pasajes del Éxodo y nos hace pasar, con toda facilidad, de las vicisitudes que tienen los israelitas en su ruta por el desierto a las que tenemos los que vivimos en nuestro mundo. Para los cristianos, el relato del

Éxodo se convirtió en el prototipo de todas las liberaciones, ya que el camino de la vida nos obliga con frecuencia a dejar atrás una existencia rodeada de certezas para adentrarnos en la búsqueda de un destino en libertad. El tema además está muy de moda y nos hace formularnos toda clase de preguntas: ¿Hasta qué punto somos libres?, ¿qué aspectos de nuestra vida nos impiden la libertad soñada?, ¿no se ve nuestra libertad coartada por las circunstancias que nos rodean?, ¿hay aspectos de nuestra vida que nos hacen renunciar a la libertad en aras de conseguir otros factores que nos parecen más importantes: menos trabajo, más estabilidad, mejor economía…? Las respuestas a estas preguntas no son unánimes y cada uno tiene las suyas.

Solo una persona como el autor, que ha pasado por numerosos éxodos en su vida, sabe narrar las experiencias agridulces que conllevan estos pasos. Las incertidumbres y carencias que sufren los israelitas en el desierto les hacen volver la mirada atrás, a las ollas de carne idealizadas que comían cuando estaban en Egipto, una angustia que se compensa cuando descubren la presencia de Dios a su lado en su camino de libertad. En estos textos los cristianos podemos ver un anticipo de la liberación por excelencia que supuso la resurrección de Jesucristo, un ejemplo pionero que se amplía a todos sus seguidores.

A Jesucristo tampoco se le ahorraron éxodos en el itinerario de su vida ya que tuvo, en un momento dado, que apartarse de su familia, de su forma de ganarse la vida y de su pueblo, cuando fue rechazado en muchas aldeas y desde que los representantes de su religión le persiguieron como blasfemo. Anduvo por el desierto durante cuarenta días como preparación a su vida pública, una fecha simbólica para compararla con el desierto israelita y Dios; en ese entorno austero rodeado de tentaciones, le mostrará el camino a seguir, que no es otro que una senda en libertad de encuentro con el prójimo, que pedía su amor y ayuda sin exclusiones ni rechazos.

¿Qué Israel aprendió en el desierto durante esos cuarenta años? Dos generaciones de israelitas descubrieron la buena nueva de ser un pueblo escogido por Dios, con el que sellaron una alianza acompañada de la promesa de una tierra que manaba leche y miel. La alianza suponía un contrato en el que la libertad, recientemente adquirida, conllevaba la exigencia de unas normas; era una libertad «para» que vinculaba la liberación con el compromiso y con la constitución de una sociedad igualitaria entre los israelitas, que se ampliaba también a los extranjeros e incluso a los esclavos. Al final se cerraba un círculo en el que la libertad recientemente adquirida se convertía en otro tipo de esclavitud: hacerse esclavos unos de otros, como lo entendió san Pablo en la Carta a los gálatas (5,13). Los antaño esclavos se convertían en servidumbre del Señor, en servicio del Señor, ya que no reconocían otra autoridad que la de Dios. En virtud de la alianza, que fue el compromiso que sellaron los israelitas, se convertían en señores de sí mismos, pero también de sus hermanos. Algo parecido a lo que encontró Jesús en el desierto.

La tierra prometida era un lugar maravilloso, si se comparaba con los cuarenta años vagando por el desierto, pero no resultó tan bueno cuando se instalaron y descubrieron sus fallos. El suelo era árido, en la zona llovía poco y el valle, la parte más fértil, lo ocupaban los cananeos, con lo que se tuvieron que asentar en las terrazas, donde era necesario formar bancales para poder cultivar. De hecho, muchos asentamientos se tuvieron que abandonar ya que no ofrecían la subsistencia necesaria. ¿Valía la pena tanto esfuerzo? ¿No hubiera sido mejor permanecer en el desierto comiendo el maná diario o incluso continuar en Egipto? De nuevo una cascada de preguntas y la mirada hacia atrás.

La tentación la sustenta la memoria, eso es lo que afirmaba el poeta español Jorge Manrique con su famosa frase «a nuestro parecer cualquier tiempo pasado fue mejor». Se añora lo que se ha perdido, aquello de lo que no se puede disfrutar, se echa de menos otras costumbres y circunstancias que se consideran preferibles a las presentes. Este proceso supuso para los israelitas idealizar el periodo egipcio, olvidando la servidumbre sufrida. Comparaban el valle del Nilo con las colonias que iban formando y las constantes luchas con sus vecinos cananeos, una comparación en la que no salían beneficiados, pero la libertad siempre exige un precio y, como dijo Jesucristo, no hay que mirar para atrás cuando se conduce el arado. Y, de hecho, fue lo que hicieron ya que, poco a poco, ayudados por Dios, se adueñaron de la tierra y formaron un reinado.

Moisés, ayudado por Dios, lideró a su pueblo y lo condujo a una existencia libre de la presión política del Faraón. Pero, a salvo de los egipcios, surgieron otras opresiones –no hay que mostrar sorpresa, pues siempre aparecen– que supusieron quedar presos por cadenas internas. Los israelitas estaban acostumbrados a imágenes de ídolos y de diosecillos que les protegían de las calamidades y no fueron capaces de entender la figura de su nuevo Dios, que no quería representaciones físicas; una petición casi imposible por la necesidad humana de acercar lo divino en forma de objetos o de personas. Y por eso el pueblo liberado de la esclavitud egipcia tardó muy poco en hacerse la imagen de un becerro dorado, símbolo de masculinidad, de fertilidad y de fuerza, los valores en los que creían. En nuestro momento histórico también amenazan nuestra libertad demonios interiores: la soberbia, el dinero, el poder, el dominio, el sexo, la individualidad, las pasiones…, que nos hacen renunciar a nuestra libertad en aras a conseguir otros logros.

Solo los israelitas, a lo largo del éxodo y al final, fueron capaces de entender que había sido Yavé quien los había guiado, alimentado y protegido. Aunque nunca ha sido fácil ese descubrimiento, ya que Dios no se deja ver en la forma que nos hubiera gustado y deja señales imperceptibles de su presencia, mientras que las voces de la tentación aparecen con fuerza para no dejar de ser escuchadas.

Este pequeño libro, maravillosamente escrito, ofrece muchas respuestas a nuestras preguntas, que conllevan el miedo al futuro y la tendencia a mirar para atrás solo para recordar lo bueno y apartar de la memoria la guerra y el hambre que sufrieron nuestros antepasados. El camino de la vida nos obliga a empujar el arado sin echar la vista a nuestra espalda. Escribo estas líneas durante la semana de Pascua de 2023 y tengo muy reciente la resurrección de Jesucristo, que es la promesa de que la muerte no vencerá y que seremos liberados de ella como lo fue nuestro fundador, el campesino de Nazaret.

Con esa esperanza, merece la pena coger el arado y labrar nuestro camino mirando de frente y a los lados, a las personas que caminan junto a nosotros para formar una comunidad de ayuda mutua que nos apoye para salvar los obstáculos hasta llegar al final. Esa es la libertad para la que fuimos llamados.

Isabel Gómez-Acebo

1
El desierto, la senda de la libertad

«Te llevaré al desierto, y allí haré que te vuelvas a enamorar de mí» (Os 2,16).

El libro del Éxodo, o de la Salida, es un relato apasionante que logra que el lector conecte la Antigüedad con la Modernidad, pues las experiencias que transmite no se limitan a narrar acontecimientos de una época remota de la historia, sino también un camino de vida y de fe que han recorrido los seres humanos desde tiempos ancestrales hasta la actualidad. A grandes rasgos describe el tránsito del pueblo judío que, partiendo de una situación de opresión y esclavitud en Egipto, y acompañado por Moisés, logra liberarse de esas ataduras para lanzarse a la aventura de la libertad que lo llevaría al desierto, donde sería sometido a todo tipo de pruebas antes de alcanzar, en la siguiente generación, la tierra prometida.

La experiencia de la libertad, así lo plantea este relato, requiere de unas premisas ineludibles: en primer lugar, dejar atrás las seguridades y certezas en las que habían vivido durante generaciones, y atreverse a caminar hacia lo desconocido, guiados únicamente por una promesa. Sabemos bien que todos los seres humanos, a lo largo de nuestros itinerarios vitales, acabamos comprometidos con un modo de vida que nos define: nuestra familia, nuestra patria, nuestra profesión, nuestra época, o nuestra ideología. El libro del Éxodo se atreve a proponer un salto extraordinario en relación con estas certezas: para poder llegar al lugar que Dios nos tiene prometido, afirma que primero necesitamos dejar atrás lo conocido, lo seguro, y atrevernos a brincar hacia un camino desconocido que nos llevará a una tierra prometida.

Para poder hacer el camino del desierto, el camino de la libertad, es necesario, por lo tanto, haberse liberado de las ataduras de Egipto, representadas por la seguridad y las certezas, buenas o malas, en las que vivían los descendientes de Jacob, pues incluso el trabajo forzado al que estaban sometidos les aseguraba el alimento y les garantizaba, así, un modo de vida que los israelitas van a reclamar en su tránsito hacia la tierra prometida: «Toda la comunidad de los israelitas empezó a murmurar contra Moisés y Aarón en el desierto. Les decían: "¡Ojalá Yavé nos hubiera hecho morir en Egipto! Allí nos sentábamos junto a las ollas de carne y comíamos pan en abundancia"» (Éx 16,2-3).

En el desierto, en cambio, la experiencia principal que vivirán los israelitas será la de la ausencia de todas esas garantías, el vértigo ante el vacío y lo desconocido, la sensación de que la vida es riesgo y lucha diaria. Es en el contexto de esta experiencia en el que se va a establecer la Alianza entre el pueblo judío y su Dios, para que aprendan a confiar en aquel que les dará el maná, el pan de cada día, sin mérito ni logro alguno por su parte. Como nos ocurre frente a tantas experiencias humanas hoy en día, solamente habiendo perdido o renunciado a las seguridades y certezas anteriores se abre una oportunidad para entender al Dios de la Vida, aquel que no deja desamparados a sus hijos.

Quien haya vivido un *éxodo* en su vida, sea por una decisión personal o por una situación sobrevenida, sabe bien lo que significa adentrarse en el desierto. Muchos personajes bíblicos a lo largo de la historia, incluyendo a profetas como Juan el Bautista, intuyeron que vivir en el desierto no era únicamente una renuncia, sino también un lugar de encuentro con lo más esencial de la vida, como dice uno de ellos: «Te llevaré al desierto, y allí haré que te vuelvas a enamorar de mí» (Os 2,16). En el desierto del Éxodo, el pueblo vivió una experiencia agridulce: por un lado, experimentó la ansiedad y el miedo frente a las incertidumbres y carencias, y, por otro, la confirmación y aprendizaje de que Dios estaba con ellos en todo momento y frente a todo tipo de pruebas y necesidades.

¡Qué difícil es acompañar a una persona que se adentra en su desierto personal! Moisés, el guía y acompañante del pueblo del Éxodo, es una figura clave para entender este camino hacia la libertad. Por un lado, él ya conoce el itinerario: el relato nos indica escuetamente que, muchos años antes, en su juventud, él ya tomó el camino hacia el desierto tras una crisis personal, a resultas de su conflicto de identidad como hijo de hebreo,

pero educado como egipcio: «Moisés huyó de
la presencia del Faraón y se fue a vivir al país de
Madián» (Éx 2,15), es decir, al desierto del Sinaí,
al que posteriormente guiaría a su pueblo. Solamente quien ya ha vivido su propio éxodo personal puede llegar a convertirse en acompañante en
el éxodo de otros. Así es como Dios fue prepa-
rando a Moisés para llegar a ser guía del pueblo
de Israel: porque él mismo ya había vivido la experiencia del desierto, al haber tenido que dejar
atrás a su gente y a su historia, y haber empezado
de nuevo en la tierra de Madián, en la que se casó
y se integró en la familia de su suegro Jetró.

Es en ese desierto donde Moisés conoció a
Dios, en el conocido episodio de la zarza ardiente, un relato misterioso en el que Dios se le apare-
ce lejos de todo ruido y confusión, en lo alto de
un monte, sin necesidad de templo o religión. Así
es el Dios del desierto, que se ha manifestado a
lo largo de la historia a tantos hombres y mujeres que, impulsados por una crisis de cualquier
naturaleza, se ven privados de todo aquello que
los sostenía y los definía previamente, y que en
su búsqueda errante se abren con asombro al
encuentro inesperado con el Dios que los llama

por su nombre: «"¡Moisés, Moisés!", y él respondió: "Aquí estoy"» (Éx 3,4). Ese Dios se presenta como consuelo y compañero, y es compasivo con la historia humana: «Yo soy el Dios de tus padres, el Dios de Abraham, el Dios de Isaac y el Dios de Jacob. [...] El clamor de los hijos de Israel ha llegado hasta mí y he visto cómo los egipcios los oprimen» (Éx 3,6.9).

El encuentro con el Dios de la Vida solamente se puede producir en la senda de la libertad, lejos de las instituciones y seguridades, entre la persona que se encuentra en salida y en búsqueda de un sentido y un destino, y su Creador, que la reconoce y la hace suya. El pueblo de Israel quedará marcado para siempre por este encuentro en el que se establecerá una Alianza, un vínculo permanente entre ellos: «Haré de vosotros mi pueblo, y yo seré vuestro Dios» (Éx 6,7). Es en la aventura de la libertad donde Dios sale a nuestro encuentro, se compromete con nuestra historia y se vincula con nosotros. Solamente hay que atreverse a dejar atrás las *ollas de carne y el pan en abundancia* que no permiten escuchar la voz suave y amable que nos llama, en el desierto, por nuestro nombre.

2

El paso del Mar Rojo, un acontecimiento liberador, recordado como milagroso

«Al soplo de tus narices retroceden las aguas, las olas se paran como murallas; los torbellinos cuajan en medio del mar» (Éx 15,8).

Uno de los episodios más recordados y celebrados del éxodo del pueblo judío es, sin duda, su paso por el Mar Rojo. Para esquivar la presencia del ejército egipcio en la ruta que discurre a lo largo de la costa mediterránea entre Egipto y la tierra de Canaán, Moisés llevó a los israelitas hacia el sur, en dirección a la península del Sinaí, que ya conocía, sabiendo que tendría que salvar por el camino las marismas del extremo norte del Mar Rojo, mejor conocidas como Mar de las Cañas. El relato más antiguo de esa experiencia relaciona esa gesta con un fuerte viento que secó las aguas, aunque la memoria épica de los siglos acabó transformando este episodio en un milagro espectacular que raya lo sobrenatural, con Moisés extendiendo su mano y dividiendo el mar, formando dos muros de agua a su izquierda y a su derecha (Éx 14,21-22).

El mar, para los judíos, era un símbolo de la muerte, pues Israel no era un pueblo marítimo, sino de pastores y agricultores, y pensar en el fondo del mar les evocaba el miedo de lo que se les figuraba como un abismo de destrucción. El relato del Éxodo se sirve de estas imágenes para magnificar lo que seguramente no fue más que el paso a través de unas vaguadas pantanosas, aprovechando la marea baja, pero que fue narrado siglos más tarde recordando el espanto que sufrieron al verse entre las tropas egipcias, por un lado, y el fango de las marismas, por el otro: «Al aproximarse el Faraón, los israelitas pudieron ver que los egipcios los estaban persiguiendo. Sintieron mucho miedo y clamaron a Yavé. [...] Moisés contestó al pueblo: "No temáis; estad firmes, y veréis la salvación que Yavé os otorgará en este día, pues los egipcios que ahora veis, no los volveréis a ver nunca jamás"» (Éx 14,10.13).

El pueblo judío ha recordado desde entonces vivamente este episodio en el que, gracias a su paso por el mar, que no lograron los egipcios, murió al miedo y nació a la esperanza. El recuerdo de ese trance se insertó en su memoria colectiva, hasta convertirse en un mito fundacional que le aportó, como todos los mitos de nuestros pueblos, una identidad histórica, y que han proclamado desde entonces manifestando el favor de Yavé hacia su pueblo: «Los carros del Faraón y sus soldados precipitó en el mar. La flor de sus guerreros tragó el mar de Suf; cubriólos el abismo, hasta el fondo cayeron como piedra» (Éx 15,4-5). Las hipérboles utilizadas no desmeritan el hecho de que el grupo de descendientes de Jacob, liderado por Moisés, que se adentraron en el desierto después de dejar atrás el Mar de las Cañas y a sus perseguidores egipcios, sintieran la cercanía y presencia de Dios, a quien experimentaron como protector frente a unos peligros y obstáculos que, de entrada, les parecían infranqueables.

La reflexión y el recuerdo posterior de estos acontecimientos, como ha ocurrido con muchos pueblos de la Antigüedad y también de tiempos no tan lejanos, fue creando una narrativa nacionalista, a partir de la cual el pueblo de Israel interpretó su propia historia desde el favor recibido de Dios. Es muy tentador, para un pueblo, como para cualquier persona, sentirse favorecidos, así como querer engrandecer y decorar la memoria de las circunstancias que rodearon un determinado acontecimiento que significó un antes y un después, como podría ser haber salido ileso de un accidente, o haber superado una crisis institucional o sanitaria. Con el tiempo, se van borrando los detalles y los pormenores del evento vivido, a la vez que permanece y va ganando espacio un sentimiento de alivio y de gratitud por haber dejado atrás una situación angustiosa e indeseable. El pueblo de Israel, sin duda, quedó marcado para siempre por el recuerdo de haber superado, gracias a Dios, esa primera prueba en su camino hacia la libertad: «Recordad lo que hizo con el ejército egipcio, con sus caballos y sus carros, cuando los sepultó bajo las aguas del Mar Rojo, destruyéndolos cuando nos perseguían» (Dt 11,4).

Si trasladamos esa misma experiencia al plano psicológico o humano, podemos entender que, quien ha vivido una crisis profunda ante la que, en ese momento, no parecía poder encontrar salida ni solución, al verse libre de semejante presión, va a celebrar, lleno de entusiasmo, la nueva condición alcanzada y, en muchos casos, va a atribuir su «salvación» a una fuerza divina o a un poder superior. Así como el miedo perturba los sentidos y no permite evaluar objetivamente la realidad, la esperanza embellece y adorna con todo lujo de detalles la memoria de un acontecimiento de feliz desenlace. Con el paso de los siglos, el pueblo de Israel fue magnificando el recuerdo de su paso por el Mar de las Cañas hasta convertirlo en la épica que nos ha transmitido hasta el día de hoy: «Al soplo de tus narices retroceden las aguas, las olas se paran como murallas; los torbellinos cuajan en medio del mar» (Éx 15,8).

El cristianismo ha querido ver en el episodio del paso del mar un anticipo de la liberación por excelencia, la que llevó a cabo Jesús pasando de la muerte a la vida en su propia Pascua. De forma figurada, los Evangelios adelantan esa experiencia con el relato en el que Jesús caminó sobre las aguas, es decir, supo dominar a la muerte caminando encima de ella. Entendiendo la simbología de semejante hecho, la reacción de los discípulos no sorprende: «Pero ellos, viéndole caminar sobre el mar, creyeron que era un fantasma y se pusieron a gritar, pues todos le habían visto y estaban turbados. Pero él, al instante, les habló, diciéndoles: "¡Animo!, que soy yo, no temáis"» (Mc 6,49-50). ¡Solamente los fantasmas pueden ser indiferentes frente al poder de la muerte!

Una experiencia liberadora define a una persona, o a un pueblo, y le confiere una nueva identidad. El pueblo de Israel nació a la nueva vida como pueblo de Dios tras su paso por el mar. También los discípulos de Jesús se liberaron de su miedo y se llenaron de esperanza a partir de su encuentro con Jesús resucitado, e iniciaron su caminar por la historia desde su nueva identidad como cristianos. En el tesoro de la memoria de unos y otros quedó el sabor dulce y agradecido de que la Vida le ganó la batalla a la muerte.

3

Egipto, tierra de seducción

«¿No sería mejor para nosotros volver a Egipto?» (Núm 14,3).

En los relatos antiguos del Génesis y del Éxodo, pensados y escritos como libros fundacionales tanto de la humanidad en su conjunto, como específicamente del pueblo de Israel, elegido por Dios de forma singular, se repite una promesa de forma reiterada: Dios tiene preparada una morada para su pueblo, la tierra de Canaán, tierra prometida desde Abraham para sus descendientes: «"Deja tu país, a los de tu raza y a la familia de tu padre, y anda a la tierra que yo te mostraré". [...] Y se pusieron en marcha hacia la tierra de Canaán» (Gén 12,1.5). Se trata de un destino enigmático y desconocido, pero que la narración insiste una y otra vez que es el lugar elegido por Dios para ser habitado por los descendientes de Abraham.

Sin embargo, desde el principio esa tierra prometida es descrita como árida y carente de recursos. Al poco de llegar Abraham a su destino, «en el país hubo hambre, y Abram bajó a Egipto a pasar allí un tiempo, pues el hambre acosaba el país» (Gén 12,10). La tierra que debería dar sustento y cobijo al pueblo elegido contrasta fuertemente con la gran nación egipcia que se encuentra al suroeste, que sí es una tierra fértil en extremo, bañada por el río Nilo, y de producción agrícola garantizada por sus crecidas anuales. Cuando Abraham regresa a la tierra de Canaán, la escasez de recursos no tarda en apretar de nuevo, y surgen conflictos entre sus pastores y los de su sobrino, Lot, por los que él decide que es mejor separarse: Lot elige la vega del Jordán, pues «era toda ella de regadío [...] como el país de Egipto» (Gén 13,10).

La tierra prometida, por lo tanto, resulta no ser una tierra fácil, sino un lugar en el que hay que ganarse el sustento con el arduo trabajo en el campo y el pastoreo de animales por paisajes agrestes. El agua se tiene que obtener cavando pozos, alrededor de los cuales con frecuencia se desatan rivalidades e incluso peleas ante la escasez del elemento vital. También la familia de Jacob, nieto de Abraham, acabará emigrando de nuevo a Egipto, huyendo de otra sequía que los llevará al borde de la extinción: «Al saber Jacob que había trigo en Egipto, dijo a sus hijos: "¿Por qué estáis ahí mirándoos el uno al otro? He oído que se vende trigo en Egipto. Id también vosotros allá y comprad trigo para nosotros, pues es cosa de vida o muerte"» (Gén 42,1-2). Sus descendientes permanecerían en Egipto por más de cuatrocientos años, antes de emprender el camino de regreso a la tierra prometida.

Aun así, el libro del Éxodo se atreverá a afirmar que «la tierra que yo prometí con juramento a Abraham, a Isaac y a Jacob [...] mana leche y miel» (Éx 33,1-3). Se trate de un espejismo o de la nostalgia y fantasía acerca de lo perdido, cuando los emisarios de Moisés exploran por primera vez la tierra prometida, se maravillan de sus cosechas: «Entramos al país a donde nos enviaron. ¡Realmente es una tierra que mana leche y miel: aquí están sus productos!» (Núm 13,27). La tierra prometida, por lo tanto, es un destino ambivalente: desde un punto de vista realista, es una tierra árida y además ocupada por otros pueblos, y por lo tanto difícil de obtener. Pero desde la ilusión y la esperanza, se trata de un lugar maravilloso que solamente está esperando ser alcanzado para poderlo disfrutar.

Egipto, en contraste, es descrito una y otra vez como una tierra de prosperidad y de sobreabundancia que ofrece todo tipo de beneficios y promesas sencillas de obtener, y que ha ido seduciendo a generaciones de israelitas, como hemos visto, que han preferido «bajar a Egipto» antes que permanecer en la dura tierra prometida. Tras el éxodo liderado por Moisés, estando ya a las puertas de la tierra prometida de Canaán, el pueblo de Israel, una vez más, afirmará: «¿Por qué Yavé nos lleva a esa tierra? [...] ¿No sería mejor para nosotros volver a Egipto?» (Núm 14,3). Queda así establecido un dilema bíblico y existencial mayúsculo: ¿Vale más la pena luchar por una tierra prometida llena de retos, o es mejor permanecer en una tierra de abundancia, pero sin libertad?

Dios tiene una intención clara para su pueblo: que habiten y trabajen en la tierra que Él les ha destinado, y no se dejen seducir por los frutos del regadío que pareciera que les ofrece Egipto sin aparente esfuerzo: «Porque la tierra que vais a poseer no es como el país de Egipto de donde salisteis, en el cual después de haber sembrado había que regar a fuerza de brazos, como en las huertas, sino que es tierra de montes y valles, que bebe el agua de la lluvia del cielo» (Dt 11,10-11). La enseñanza también es clara: Dios no regala a sus elegidos una vida fácil y colmada de bienes, sino un lugar simbólico en el que poder trabajar y desarrollar al máximo las capacidades que les ha dado, en libertad y en tensión constante con la fantasía idealizada de ese otro modo de vivir que simboliza Egipto.

La vida en libertad, por lo tanto, tiene un precio: asumir el desafío del esfuerzo diario, y aprender a reconocer que los frutos que regala la tierra trabajada por el hombre son la bendición del Dios que hace crecer el trabajo de las manos humanas con su lluvia. Dios no ofrece bondades milagrosas más que el pan de cada día, y espera la cooperación del ser humano para llevar a cabo cualquiera de sus proyectos. Es por ello que los israelitas establecieron desde antiguo que las primeras cosechas, los primeros frutos y las primeras crías nacidas en el ganado debían ofrecerse a quien las hizo nacer, lejos de atribuirse cualquier mérito o derecho sobre ellos (Éx 22,28-29). En la tierra prometida, por lo tanto, se aprende a agradecer todo lo que Dios logra hacer a través de la propia acción humana.

La tierra prometida es la gran escuela de la libertad, donde estamos llamados a trabajar con todas nuestras capacidades y a no dejarnos deslumbrar por falsas promesas y seguridades, y a la vez a practicar la confianza en la acción de Dios, así como vivir la austeridad de una tierra limitada, sin querer codiciar lo que otras tierras parecen prometer. La tierra prometida posiblemente no mana leche y miel como hubiéramos podido soñar, pero ofrece todo lo necesario para llevar a cabo un camino de vida digno, humilde y confiado en Dios.

4

Maná, el pan solo para hoy

«Cuando los israelitas vieron esto, se dijeron unos a otros: "Maná", es decir, "¿Qué es esto?". Pues no sabían lo que era. Y Moisés les dijo: "Este es el pan que Yavé os da para comer"»
(Éx 16,15).

Entre las múltiples experiencias vividas en el desierto destaca, por conocida y rememorada, la forma en la que Yavé respondió al clamor del pueblo de Israel frente al hambre: «Hizo llover sobre ellos maná para comer, les dio el trigo de los cielos; [...] y llovió sobre ellos carne como polvo, y aves como la arena de los mares; las dejó caer en medio de su campo, en torno a sus moradas. Comieron hasta quedar bien hartos» (Sal 78,24-29). Como todos los relatos del Éxodo, también este nos ha llegado a través de los siglos y de la tradición oral, y encierra dentro de sí la memoria de un pueblo que, acostumbrado a la seguridad alimentaria de la sociedad de regadío agrícola egipcia, en la que vivió durante siglos, pasó a depender de la providencia y de los recursos naturales en un entorno desértico, en el que los alimentos son mucho más imprevisibles.

Según las explicaciones más plausibles de los acontecimientos narrados, se trataría tanto de bandadas de aves migratorias que se trasladaban periódicamente por el desierto del Sinaí, como de un producto vegetal comestible que segregan determinados arbustos en algunas épocas del año. Guiados por Moisés, quien como hemos visto había vivido durante décadas como pastor nómada en el entorno natural del Sinaí, el pueblo judío fue conociendo las estrategias de supervivencia necesarias para poder permanecer en un entorno hostil y agreste que carecía de los productos alimentarios a los que estaban acostumbrados. E, igual que hicieron con su paso por el Mar de las Cañas, el recuerdo de estos eventos se fue embelleciendo hasta crear la narrativa milagrosa que hoy conocemos, y que los convirtió en alimentos caídos del cielo.

Sin embargo, el texto también recuerda vivamente la estupefacción de los israelitas al conocer su nuevo alimento: «Cuando los israelitas vieron esto, se dijeron unos a otros: "Maná", es decir: "¿Qué es esto?". Pues no sabían lo que era», de forma que así lo nombraron, *maná*. La providencia de Dios está llena de sorpresas, en muchas ocasiones imprevisibles e irreconocibles, y el ser humano, cuando parece descubrir lo que Dios le está ofreciendo, inicialmente puede caer en el desconcierto. Necesita de un guía que le sepa interpretar los signos de la realidad: «Y Moisés les dijo: "Este es el pan que Yavé os da para comer"» (Éx 16,15). Una vez más, el papel de Moisés como acompañante del pueblo de Israel se muestra como decisivo para poder entender los modos de Dios, quien siempre escucha las peticiones de su pueblo, pero no siempre responde de la manera que ellos esperan.

El relato prosigue con las indicaciones de cómo cosechar el maná, insistiendo en que solamente se debe de recoger lo necesario para el día presente. «Moisés les dijo: "Que nadie guarde nada para el día siguiente". Pero no obedecieron a Moisés, y algunos guardaron algo para el día siguiente; pero se llenó de gusanos y se pudrió; y Moisés se irritó contra ellos. Lo recogían por las mañanas, cada cual según lo que necesitaba; y luego, con el calor del sol, se derretía» (Éx 16,19-21). El maná –el alimento que Dios regala a su pueblo en el camino del desierto– es suficiente para cubrir las necesidades diarias de cada persona, pero sin que se generen sobrantes ni excesos. La austeridad de Dios obliga a las personas que caminan de su mano a vivir enteramente en la gratuidad del presente, sin las nostalgias de un pasado muchas veces idealizado, ni tampoco la fantasía de quererse asegurar un futuro que no les pertenece.

Jesús de Nazaret conocía bien esta enseñanza, cuando en una de sus parábolas advierte contra la codicia del hombre que quiere atesorar su abundante cosecha en unos graneros nuevos, para que le dure en los años venideros. El mañana –señala Jesús– solo es de Dios. Y prosigue con bellas palabras acerca de los pájaros del cielo y de los lirios del campo, de los que su Creador cuida en todo momento, para concluir: «Pues si a la hierba que hoy está en el campo y mañana se echa al horno, Dios así la viste, ¡cuánto más a vosotros, hombres de poca fe! Así pues, vosotros no andéis buscando qué comer ni qué beber, y no estéis inquietos» (Lc 12,28-29). En su enseñanza acerca de la oración ya había indicado a sus discípulos que a Dios solamente se le debe de pedir, cada día, nuestro pan cotidiano, el pan solo para hoy, pues el mañana le pertenece a Dios.

El maná también nos recuerda que hace falta tener hambre, sentir un vacío, para poder anhelar el alimento necesario para la travesía por el desierto. Como enseñan los místicos del Carmelo, solamente el hambre de Dios –la insatisfacción con la vida presente– nos mueve a buscar el camino hacia un mayor sentido y una mayor plenitud. Y Jesús retomará la experiencia de su pueblo para ofrecerle un alimento –un sentido de vida– que esta vez colme verdaderamente su búsqueda: «Yo soy el pan de la vida. Vuestros padres comieron el maná en el desierto y murieron; este es el pan que baja del cielo, para que quien lo coma no muera» (Jn 6,48-50). El pan cotidiano brinda las fuerzas necesarias para salvar una jornada más; el pan de la vida, para poder alcanzar el destino.

La historia bíblica contiene otro episodio que escenifica cómo abandonarse en el Dios que no deja sin el pan de cada día a aquellos que confían en él. El profeta Elías, mientras el hambre hacía estragos en el país, acude a la humilde casa de una viuda y le pide un pan, a lo que ella objeta, ya que solamente le queda lo suficiente para cocer una última torta para ella y para su hijo, y luego morir de hambre. Ante su insistencia de que primero le haga una torta pequeña para él, «ella se fue e hizo según la palabra de Elías, y comieron ella, él y su hijo. No se acabó la harina en la tinaja ni se agotó el aceite en la orza, según la palabra que Yavé había dicho por boca de Elías» (1Re 15,16). El pan para hoy, en la tradición bíblica, es siempre un regalo de Dios para poder seguir caminando a través del desierto de la vida, y no le va a faltar a aquellos que renuncian a la codicia y al deseo de quererse asegurar el futuro. Concluye la narración que «los israelitas comieron el maná por espacio de cuarenta años, hasta que llegaron a tierra habitada. Lo estuvieron comiendo hasta que llegaron a los confines del país de Canaán» (Éx 16,35). La providencia de Dios no les faltó ni un solo día.

5
La libertad de los hijos de Dios

«Nuestra vocación, hermanos, es la libertad»
(Gál 5,13).

El relato del Éxodo es un texto que presenta, en el corazón de su narración, la descripción del itinerario de la liberación de un pueblo: los israelitas se sacuden el yugo opresor de Egipto, logrando la libertad ansiada durante siglos, 430 años para ser exactos, si seguimos el cómputo de la narración. Esta liberación se va anunciando, en primer lugar, a Moisés, quien a su vez se la anuncia a su pueblo al regresar a Egipto: «Por tanto, di a los hijos de Israel: "Yo soy Yavé. Yo os libertaré de los duros trabajos de los egipcios, os libraré de su esclavitud y os salvaré con brazo tenso y castigos grandes"» (Éx 6,6).

La primera experiencia de esa misma libertad, como hemos visto, es amarga, pues los deja aturdidos y desorientados, al tenerse que enfrentar con las carestías del camino por el desierto. Pero es precisamente en ese desierto donde se va a llevar a cabo una acción que complementará la Liberación: la Alianza, un pacto en el que Dios propone, a través de una serie de ordenamientos, un marco en el cual poder vivir y desarrollar esa libertad recién alcanzada. La libertad es, pues, el requisito ineludible y necesario para que Dios pueda establecer un vínculo con su pueblo y poder configurar esa misma libertad en un proyecto que le dé sentido: «Yo os haré mi pueblo, seré vuestro Dios» (Éx 6,7).

La libertad no puede ni debe ser un fin en sí mismo, pues se trata tan solo de un medio para poder definir un itinerario propio, una alianza o vínculo con Dios y con el prójimo. Tan aplaudida y necesaria como es la libertad, tanto la de los individuos como la de los pueblos y de las naciones, necesita ser acompañada siempre por un proyecto y por unos compromisos que le den forma y sentido. Libres, sí... pero para poder abrazar una propuesta de vida y comprometerse con ella.

El libro del Éxodo prosigue describiendo, durante varios capítulos, los contenidos de la Alianza que establecerá Dios con el pueblo de Israel a través de los diez mandamientos, limitando esa misma libertad con las leyes y normas que asumirán como propias. La libertad es, a su vez, independencia y compromiso, desapego y arraigo, y para el pueblo de Israel se tiene que definir en el respeto a la persona del hermano, del prójimo, incluyendo al extranjero e incluso al esclavo, quienes no deberán ser violentados jamás por los hijos de la Alianza: «No maltratarás al forastero, ni le oprimirás, pues forasteros fuisteis vosotros en el país de Egipto» (Éx 22,20). Llama la atención, por moderno y éticamente generoso, este compromiso por no repetir las vejaciones ¡a las que ellos mismos se habían visto sometidos!

Los diez mandamientos (Éx 20,1-17) hacen referencia a un código ético que proclama el respeto al prójimo como el núcleo de la Alianza establecida en el desierto de la libertad: No matarás, no robarás, no mentirás, no codiciarás... La libertad de una persona o de un pueblo no puede ni debe ser ocasión para querer someter o lastimar a los demás, en especial a los más débiles y vulnerables. Entre las leyes del pueblo de Israel destacan algunos mandamientos milenarios que hoy siguen revistiendo gran actualidad social: «No vejarás a viuda ni a huérfano. [...] Si prestas dinero a uno de mi pueblo, al pobre que habita contigo, no serás con él un usurero; no le exigiréis interés. [...] Si tomas en prenda el manto de tu prójimo, se lo devolverás al ponerse el sol, porque con él se abriga; es el vestido de su cuerpo. ¿Sobre qué va a dormir, si no?» (Éx 22,21-26).

Independientemente de cómo se hubiera desarrollado la historia posterior del pueblo de la Alianza, sus hijos quedarían marcados para siempre por la manera en la que entendieron que se había de limitar el uso de la libertad alcanzada después de haber vivido en carne propia la experiencia de siglos de opresión. San Pablo, un pensador judío y ferviente seguidor de la ley, escribiría siglos más tarde, tras haberse convertido a la fe cristiana: «Nuestra vocación, hermanos, es la libertad», que es «el amor por el que nos hacemos esclavos unos de otros» (Gál 5,13). Viene así a completar un círculo paradójico iniciado en el libro del Éxodo, de quienes han transitado de la esclavitud a la libertad, y de nuevo de la libertad a la esclavitud, elegida en esta ocasión libremente en pro de su prójimo.

Se ha escrito extensamente acerca de la libertad, que es invocada frecuentemente como un derecho inalienable de las personas y de sus causas. En un sentido bíblico, la libertad es tan solo un instrumento, un camino que nos capacita para poder abrazar al otro, para entregar nuestras capacidades al bien común y a los demás. Una libertad que no se arraiga en una causa, en una alianza, en un proyecto común, resulta estéril y sin contenido y, por lo tanto, fuera de lugar. Tan difícil es obtener la libertad, como darle un uso adecuado en el marco de la historia humana, personal y colectiva. Muchas de nuestras naciones pueden dar testimonio de ello...

El relato del Éxodo vincula de forma clara la liberación con el compromiso. Y propone, con ello, un paradigma universal y ético que trasciende la religión y las culturas, y que el cristianismo hizo suyo, en el cual la libertad es entendida como un requisito que hay que conquistar para poder definir un proyecto por el cual estemos dispuestos a entregarnos en fidelidad y perseverancia. Gran parte de la historia de Israel posterior al Éxodo girará precisamente alrededor de su capacidad de permanecer fieles a la Alianza, pues no faltarán las ocasiones y las tentaciones para alejarse de los compromisos adquiridos. Así la historia de Israel, y así la historia de cualquier persona que haya dado un sí comprometido a una aventura asumida libremente en el camino del desierto.

La *libertad de los hijos de Dios,* como la denomina san Pablo (Rom 8,21), es, por lo tanto, una oportunidad recibida para poder establecer vínculos de compromiso y de solidaridad con el prójimo, con la vida y con el futuro. Solamente quien se hace servidor de su semejante, a imagen de aquel que «vino a servir, y no a ser servido» (Mt 20,28), será capaz de desarrollar todo el potencial que entraña la libertad ofrecida a los demás.

6

El mandamiento de
los tres amores

*«Escucha, Israel: Yavé, nuestro Dios,
es Yavé-único. Y tú amarás a Yavé, tu Dios, con
todo tu corazón, con toda tu alma y con
todas tus fuerzas»* (Dt 6,5).

En el corazón de la Alianza se sitúa el mandamiento del amor a Dios, que en el libro del Éxodo es presentado de forma más sencilla o primitiva con el simple llamamiento a respetar al único Dios, y a no tomar en vano su nombre. En un desarrollo ulterior, el libro del Deuteronomio, en su capítulo sexto, presenta la conocida profesión de fe del pueblo de Israel, precedida por las siguientes palabras solemnes de Moisés: «Estos son los mandamientos, preceptos y normas que Yavé, vuestro Dios, ha mandado enseñaros para que los pongáis en práctica en la tierra a la que vais a pasar para tomarla en posesión» (Dt 6,1).

A continuación, el autor proclama la supremacía de Dios con el mandamiento que hasta el día de hoy siguen recitando a diario todos los creyentes judíos, el *Shemá, Israel:* «Escucha, Israel: Yavé, nuestro Dios, es Yavé-único. Y tú amarás a Yavé, tu Dios, con todo tu corazón, con toda tu alma y con todas tus fuerzas» (Dt 6,5). Educados en la experiencia del desierto, los descendientes de Jacob, como hemos visto en los capítulos anteriores, aprendieron a depositar su confianza únicamente en el Dios de la Vida. Dicha confianza no quiere ser un simple abandono, ni mucho menos una resignación: es un compromiso activo de amar a Dios por encima de todas las cosas.

¿Qué significa, nos podemos preguntar, amar a Dios con todo nuestro corazón, con toda nuestra alma y con todas nuestras fuerzas? Es necesario, en primer lugar, entender el lenguaje figurado de los autores bíblicos, que escribieron en una época ya muy distante a la nuestra. El corazón, en el imaginario egipcio y hebreo, era la sede del pensamiento y de la voluntad, un equivalente a lo que nosotros hoy llamaríamos nuestra mente. No se refiere, por lo tanto, a las emociones o a los sentimientos, sino más bien al asentimiento consciente de quienes han optado por darle su primacía a Dios y a sus propuestas de vida. Un ejemplo contrario lo encontramos precisamente al inicio del Éxodo, cuando el Faraón se niega a dejar marchar al pueblo judío: «Entonces dijo Yavé a Moisés: *"El corazón* del Faraón es obstinado; se niega a dejar salir al pueblo"» (Éx 7,14). Vemos con claridad el significado que le atribuye el texto bíblico al corazón, que, como sabemos hoy, no es ni sede de la voluntad, ni mucho menos de las emociones, sino ¡una magnífica bomba hidráulica!

El primer amor a Dios, el amor del corazón, viene a significar entonces la opción creyente de la persona que todos los días se abre antes a la iniciativa de su creador que a la suya propia, y que se ha determinado a dejarse guiar por Él, como exclama el Salmo: «¡Oh, si escucharais hoy su voz!: "No endurezcáis vuestro corazón como en Meribá, como el día de Masá en el desierto, donde me pusieron a prueba vuestros padres, me tentaron aunque habían visto mi obra"» (Sal 95,7-8). Amar con todo el corazón es escuchar, confiar, obedecer y ponerse en manos de quien sabe guiarnos por el camino de la vida.

En segundo lugar, el mandamiento de los tres amores exhorta a amar con toda el alma. En el contexto bíblico, el alma se refiere a la dimensión más vivencial del ser humano, a su capacidad de entusiasmarse y de apasionarse con los valores que Dios propone, así como de alabarlo y de vivir un temor reverencial a su persona, como describe el texto más adelante: «A Yavé, tu Dios, temerás, a él servirás, vivirás unido a él y en su nombre jurarás. Él será objeto de tu alabanza y él, tu Dios, que ha hecho por ti esas cosas grandes y terribles que tus ojos han visto» (Dt 10,20-21). Los creyentes de la Alianza están llamados a vibrar con todo su ser por el Dios de la misericordia, que ha estado presente en su historia, y a proclamar las obras de su Amor en todo momento, como hará María en su Magníficat al resumir todo lo que Dios ha realizado en favor de su pueblo a lo largo de la historia del Antiguo Testamento: «Proclama *mi alma* la grandeza del Señor...» (Lc 1,46).

Finalmente, está la llamada a amar con todas las fuerzas, es decir, con todas las capacidades humanas que vienen a sumarse a la voluntad y a la pasión (corazón y alma), como lo son la perseverancia y la constancia frente a los devenires de la vida. El ser humano se suma con sus propias virtudes al proyecto de Dios en su vida, pues esa cooperación es indispensable para que los dones que Dios ha sembrado en él se puedan desarrollar cabalmente. Para algunos las fuerzas con las que poder amar a Dios serán sus capacidades de liderazgo en la comunidad y, para otros, lo será un servicio silencioso y humilde. Pero como bien indica san Pablo al describir a la comunidad cristiana como un cuerpo, todos suman cuando aman con todas sus fuerzas: «Pero teniendo dones diferentes, según la gracia que nos ha sido dada, si es el don de profecía, ejerzámoslo en la medida de nuestra fe; si es el ministerio, en el ministerio; la enseñanza, enseñando; la exhortación, exhortando. El que da, con sencillez; el que preside, con solicitud; el que ejerce la misericordia, con jovialidad» (Rom 12,6-8).

El mandamiento de los tres amores implica que no se puede amar a Dios desde una sola dimensión. Quien solamente lo ama con la voluntad, con la razón, no ha descubierto al Dios que habita en su alma, y quien solamente se apasiona con su fe, pero no ha abrazado a Dios con su mente y sus decisiones, tampoco lo ama por completo, pues es necesario amar a Dios con todas las dimensiones del ser, además de con los dones propios de cada persona ofrecidos en gratuidad para el bien común.

Para evitar cualquier tentación de que el mandamiento del Amor acabe siendo un mero ejercicio intelectual o se reduzca al entusiasmo personal, al ser preguntado Jesús «Maestro, ¿cuál es el mandamiento mayor de la Ley?», repitió, sin dudar, el *Shemá, Israel*, pero añadió, de forma sorpresiva, al mandamiento de los tres amores un cuarto amor: «El segundo es semejante a este: Amarás a tu prójimo como a ti mismo» (Mt 22,37-39), citando uno de otros muchos mandamientos contenidos en la Alianza en el libro del Levítico, aunque en otro contexto, pues quien ama a Dios con todo el corazón, con toda el alma y con todas sus fuerzas siempre saldrá a abrazar a su prójimo como lo hace Dios.

7
Jesús, un hombre marcado por el Éxodo

«Al amanecer se fue a un lugar solitario»
(Lc 4,42).

La vida de Jesús de Nazaret, descrita en los evangelios de distintas formas según la perspectiva propia de cada uno de los evangelistas, se puede resumir de una forma sencilla pero certera: fue la de un hombre que vivió el éxodo en su propio itinerario de vida. Jesús inició su camino como un predicador del pueblo arraigado en Galilea, bien recibido y aclamado entre su gente, especialmente entre los más sencillos, pero progresivamente fue experimentando el rechazo de los representantes de ese mismo pueblo judío, por lo que se tuvo que ir alejando de sus instituciones (en especial, de las sinagogas). Es en esa *salida* progresiva de Jesús, primero de Galilea, y finalmente de las mismas instituciones judías, cuyos representantes lo acabarían sacando de Jerusalén para crucificarlo fuera de sus muros, en la que se desarrollará la parte más significativa de su vida.

Como bien describe el biblista Josep Rius-Camps en su ensayo *El éxodo del hombre libre* (El Almendro, Córdoba 1991), el evangelista Lucas es quien mejor subraya esa dimensión de *salida* de Jesús, al mencionar en su relato que el itinerario que Jesús emprendió hacia Jerusalén, donde encontraría su muerte, era, en realidad, un éxodo, y con esa misma palabra lo menciona en el episodio de la transfiguración, poco antes de iniciar esa subida hacia el corazón de la religión judía: «Y he aquí que conversaban con él dos hombres, que eran Moisés y Elías; los cuales aparecían en gloria, y hablaban de su *éxodo,* que iba a cumplir en Jerusalén» (Lc 9,30-31). No es casualidad que Jesús, en este episodio, hablara de su éxodo personal precisamente con Moisés, quien lideró el Éxodo del pueblo judío a través del desierto del Sinaí. Pero ¿cuál es el éxodo que habría de realizar Jesús, en quien reconocemos al mismo Hijo de Dios?

Jesús, como hijo de Israel, puso sus esperanzas, en primer lugar, en el pueblo en el que nació y se educó, y entre cuya gente anunció su mensaje de liberación, el evangelio del amor misericordioso del Padre. Sin embargo, a medida que quiso compartir ese mismo mensaje con los miembros más marginados de su pueblo (las mujeres, los leprosos, los cobradores de impuestos, etc.) empezó a sufrir el rechazo y los señalamientos de los representantes del orden religioso y social de su tiempo, motivo por el cual se fue alejando de las aldeas ya visitadas, y luego de su propia tierra, adentrándose en los territorios de las naciones vecinas. Esa actitud de *salida* permanente queda plasmada en este breve episodio: «Al amanecer se fue a un lugar solitario. La gente le andaba buscando y, llegando donde él, trataban de retenerle para que no les dejara. Pero él les dijo: "También a otras ciudades tengo que anunciar la Buena Nueva del Reino de Dios, porque a esto he sido enviado"» (Lc 4,42-43).

En su éxodo personal, Jesús se va desprendiendo más y más de las seguridades y apoyos con los que contaba en Galilea, adentrándose en el territorio hostil de Judea, marcado por una comprensión rígida y rigorista de la religión, que había degenerado en un puritanismo que rechazaba y marginaba precisamente a aquellos para los cuales él había propuesto sus bienaventuranzas: los pobres, los enfermos, los afligidos... También sus discípulos, poco a poco, lo van a ir abandonando, hasta que su soledad se hará completa la noche antes de su ejecución, en la oración en el Huerto de los Olivos, donde incluso sus tres apóstoles más cercanos lo abandonarán simbólicamente a su suerte, al quedarse dormidos en vez de mantenerse en vigilia como él les había pedido.

Jesús lleva a cabo en su vida un éxodo o salida en un sentido doble, del cual ya había hablado con Moisés y con Elías en la escena mencionada de la transfiguración: sale y se aleja del sistema religioso que él mismo acabará denunciando abiertamente como opresivo e hipócrita, así como también acaba saliendo de la vida encarnada y humana con su muerte en cruz, de la cual es plenamente consciente, pues la anuncia justo antes de emprender su camino hacia Jerusalén. Su doble éxodo lo llevará a abandonarse por completo en la voluntad de su Padre (Lc 22,42), como hizo el pueblo de Israel siglos antes en su camino por el desierto.

El éxodo que vivió Jesús es el mismo éxodo al que están convocados sus discípulos y seguidores, como él mismo afirma: «El que quiera seguirme, que renuncie a sí mismo, tome su cruz y me siga» (Mc 8,34). Para ello, es necesario liberarse y desprenderse de cualquier atadura que pueda llegar a ser un obstáculo para vivir genuinamente la misión recibida: proclamar la misericordia de Dios a los alejados y su consuelo a los afligidos, cansados y agobiados. Cualquier sistema ideológico, social o religioso que no le otorgue a los pequeños y vulnerables el lugar prioritario, que el mismo Dios les ha asignado, será contrario a la misión salvadora de Dios y, como lo hizo Jesús, deberá ser abandonado.

La vida del discípulo, por lo tanto, está llamada a ser una vida en salida como lo fue la de Jesús, evitando en todo momento doblegarse o pactar con intereses que puedan opacar o diluir lo esencial en la vida cristiana: un camino en libertad y de encuentro con el prójimo, sin exclusión ni rechazo. Es necesario haber salido y haberse liberado de los prejuicios y ataduras que nos alejan de los demás, para poderse encontrar en el camino del éxodo con los hermanos y hermanas que están realizando ese mismo itinerario, así como con las vidas de los santos y santas que lo hicieron antes que nosotros, y que nos muestran cómo formar vínculos de fraternidad siguiendo las palabras de Jesús: «Todo el que cumpla la voluntad de mi Padre celestial, ese es mi hermano, mi hermana y mi madre» (Mt 12,50).

El papa Francisco menciona con frecuencia su deseo de una Iglesia en salida, es decir, una comunidad cuyos miembros estén unidos en el camino del éxodo, huyendo del encierro, de las seguridades de lo conocido y de la autocomplacencia; y dispuestos a asumir los mismos riesgos que tuvo que enfrentar Jesús, y que antes habían enfrentado Moisés y el pueblo de Israel, pues solamente en el camino por el desierto se purifican las intenciones y los compromisos por los que uno está dispuesto a entregar la vida.

8

El becerro de oro: buscando alternativas en el desierto

«Anda, haznos un dios que vaya delante de nosotros, ya que no sabemos qué ha sido de Moisés, el hombre que nos sacó de la tierra de Egipto» (Éx 32,1).

En el camino hacia la libertad, como hemos visto, las experiencias del desierto son amargas, y con frecuencia dificultan la comprensión de ese mismo camino y de su finalidad. El desconcierto y las incertidumbres de la vida son fuentes de ansiedad para cualquier ser humano, de manera que es comprensible querer buscar seguridades y certezas que ayuden a hacer más llevadero el caminar. El libro del Éxodo nos relata un episodio acontecido en ese contexto de desorientación, conocido como la fiesta del becerro de oro, cuando el pueblo de Israel se hizo un ídolo en ausencia de Moisés, quien se encontraba en el monte Sinaí.

Ya habían sido advertidos frente a esa tentación en los primeros mandamientos del decálogo: «No te harás escultura ni imagen alguna ni de lo que hay arriba en los cielos, ni de lo que hay abajo en la tierra, ni de lo que hay en las aguas debajo de la tierra» (Éx 20,4). Para el pueblo judío, el ídolo representaba una falta grave de confianza en Dios, al atribuirle capacidades divinas a un ser creado, como ellos habían visto que hacían en Egipto y en otros pueblos, donde adoraban como divinos a distintos animales. En ese sentido, el decálogo es muy exigente y moderno, pues espera de los israelitas un abandono y una confianza absolutos en el Dios invisible, y la renuncia a cualquier falsa seguridad que puedan ofrecer los ídolos, tan presentes entre los demás pueblos de la Antigüedad.

Los ídolos garantizan a través de su adoración unos beneficios que difícilmente se pueden obtener del Dios del desierto. En cualquier religión, un ídolo y su culto contienen una promesa de abundancia y transmiten la sensación de certeza frente a lo desconocido. Entre los pueblos más primitivos, los ídolos aseguran las cosechas, la salud y la fecundidad, la protección ante las calamidades naturales, etc. En este sentido no es casualidad que, al escuchar el clamor de los israelitas: «Anda, haznos un dios que vaya delante de nosotros», Aarón hiciera un molde y fundiera un becerro. «Entonces ellos exclamaron: "Este es tu Dios, Israel, el que te ha sacado de la tierra de Egipto"» (Éx 32,1-4). Un becerro, o ternero, es claramente un símbolo de fertilidad y de vigor masculino, como lo son los toros en el imaginario mediterráneo, y encarna la admiración ante las fuerzas de la naturaleza que han profesado todos los pueblos desde tiempos remotos.

El toro representa visiblemente esa fuerza bruta de la naturaleza y de su poder, así como el oro es una imagen del dinero y de sus capacidades. El becerro de oro es, por lo tanto, un ídolo en un sentido doble: quienes lo adoran ponen su esperanza antes en las fuerzas creadas que en su creador; también en el dinero. Y, como dirá Jesús siglos más tarde: «Nadie puede servir a dos señores; porque aborrecerá a uno y amará al otro; o bien se entregará a uno y despreciará al otro. No podéis servir a Dios y al dinero» (Mt 6,24). En el camino del desierto es necesario definir las fidelidades y rechazar la idolatría, que es la falsa ilusión de que, en manos de su poder, todo va a ser fácil y a medida de los deseos humanos. Como prosigue el relato del Éxodo, tras adorar al becerro de oro, «el pueblo se sentó a comer y beber y se levantaron después para divertirse» (Éx 32,6), como si ya se hubieran acabado los retos y los problemas que antes los afligían.

En todas las religiones y cultos se le atribuye un papel mediador o incluso determinante a imágenes u objetos de todo tipo, y la religión cristiana no es la excepción. Así como el pueblo de Israel, al hacer visible su becerro de oro consideró que había sido él quien los sacó de Egipto, de la misma manera hoy en día seguimos queriendo hacer visible y palpable lo divino, sentir su cercanía material, y obtener sus beneficios y protección. Es prácticamente imposible eliminar esa necesidad humana de acercar lo divino en forma de objetos a nuestras vidas. La frontera entre una devoción, un amuleto y una idolatría es borrosa y muy difícil de definir. El libro del Éxodo, de forma radical, prohíbe cualquier imagen para evitar el peligro de que los hijos de Israel depositen su confianza en nadie ni en nada que no sea Dios mismo.

Otro tipo de idolatría, igualmente dañina, es la idolatría a las personas, especialmente a los líderes, que el libro del Éxodo intenta evitar en todo momento respecto al guía del desierto, Moisés. Él es representado como una persona limitada, que ni siquiera tiene el don de la palabra, por lo que su hermano Aarón habla por él. Cualquiera de las acciones liberadoras que Moisés lleva a cabo es siempre atribuida al poder divino, sin mérito por su parte, como en el mencionado relato del paso por el Mar Rojo: «Moisés extendió su mano sobre el mar y Yavé hizo soplar durante toda la noche un fuerte viento del Este, que secó el mar, y se dividieron las aguas» (Éx 14,21).

Se previene al pueblo de Israel, en su caminar por el desierto, de confiarse tanto en falsos ídolos como en personas que hagan menos la acción de Dios. En el camino del Éxodo todo es gracia y todos los favores recibidos vienen directamente de la mano de Yavé: «Moisés contó a su suegro todo lo que Yavé había hecho al Faraón y a los egipcios, en favor de Israel; todos los trabajos sufridos en el camino y cómo Yavé les había librado de ellos» (Éx 18,8). Al pueblo se le recuerdan una y otra vez las acciones con las que Dios los ha ido acompañando en su caminar, para que en el futuro no las vayan a olvidar: «Yo, Yavé, soy tu Dios, que te he sacado del país de Egipto, de la casa de servidumbre» (Éx 20,2).

Una vida madurada en el espíritu del desierto aprende a valorar las acciones liberadoras que Dios, sea a través de la mediación de personas o de acontecimientos, ha llevado a cabo en el camino de un ser humano o de una comunidad. Tan importante fue Moisés en la historia del pueblo judío como lo fueron los sucesos que acompañaron su itinerario hacia la tierra prometida, pero en la lectura que finalmente hicieron del proceso que los liberó y les otorgó su propia dignidad supieron ver la mano del «Dios misericordioso y clemente, tardo a la cólera y rico en amor y fidelidad» (Éx 34,6), que fue quien, en definitiva, los guio, los acompañó y los protegió de todo mal.

9

El Dios del desierto
y de la brisa suave

> «*Dijo Dios a Moisés: "Yo soy el que soy".*
> *Y añadió: "Así dirás a los israelitas: Yo soy me*
> *ha enviado a vosotros"*» (Éx 3,14).

Como hemos visto, después de haber permanecido durante siglos conviviendo con una religión tan rica en imágenes, ritos, templos y diferentes dioses, como era la de Egipto, el pueblo de Israel fue convocado en el desierto a liberarse de todas esas imágenes para reencontrarse con el Dios único, que ya se había manifestado a sus antepasados. Ese mismo Dios del desierto, antes de mostrarse a Moisés en el episodio de la zarza ardiente, fue el que había guiado a Abraham a la tierra prometida y el que acompañó a Isaac y a Jacob y a sus descendientes en sus vicisitudes. Es un

Dios que se muestra sin rostro y sin nombre, una presencia misteriosa pero constante en sus vidas, y en todo diferente a los dioses a los que rendían culto los demás pueblos conocidos.

Una y otra vez este Dios cercano y amistoso, desprovisto de templos y de santuarios, se dirigió a los patriarcas para exhortarlos a mantenerse en fidelidad a Él, a la vez que los bendecía: «Tenía Abram noventa y nueve años, cuando se le apareció Yavé y le dijo: "Yo soy el Dios de las Alturas. Camina en mi presencia y sé perfecto. Yo establezco mi alianza entre nosotros dos, y te multiplicaré sobremanera"» (Gén 17,1-2). A su hijo le dirigió las siguientes palabras: «Yavé se le apareció (a Isaac) aquella noche y dijo: "Yo soy el Dios de tu padre Abraham. No temas, porque yo estoy contigo. Te bendeciré, y multiplicaré tu descendencia por amor de Abraham, mi siervo"» (Gén 26,24). Y en un encuentro con su nieto, Jacob, este le preguntó: «"Dime, por favor, tu nombre". Respondió: "¿Para qué preguntas por mi nombre?". Y le bendijo allí mismo» (Gén 32,30).

Cuando Dios se revela a Moisés en el desierto con las siguientes palabras: «Yo soy el Dios de tus padres, el Dios de Abraham, el Dios de Isaac y el

Dios de Jacob» (Éx 3,6), se engarza, por lo tanto, en una larga tradición en la que Yavé ha estado presente en el camino de su pueblo, como fuente de bendición y de vida, sin necesidad de que esa relación sea alimentada mediante un culto o sacrificios. Es el Dios de la Vida, del cual el mismo Jesús afirmará: «El Dios de Abraham, el Dios de Isaac y el Dios de Jacob no es un Dios de muertos, sino de vivos, porque para él todos viven» (Lc 20,38).

El Dios del desierto no tiene nombre, pues es la vida misma: «Dijo Dios a Moisés: "Yo soy el que soy"» (Éx 3,14). No permite ser reducido a un solo aspecto o a una sola dimensión, ni siquiera a un nombre, pues toda la divinidad está contenida en su persona. Yavé, el Dios que es, acompaña todos los momentos de la vida de su pueblo, con su bendición y su protección. Las tres grandes religiones monoteístas –el judaísmo, el cristianismo y el islam– lo han reconocido como Padre común, Creador de todo lo creado.

Cuando Dios habla en el desierto, lo hace con frecuencia en sueños, o en apariciones discretas, como se desprende de los relatos bíblicos que hemos comentado. Su lenguaje suele estar escondido en el silencio o en la oscuridad de la noche, y solamente es accesible para aquellos que se adentran en el desierto buscando oír su voz. En toda la historia bíblica encontraremos a personas que logran escuchar a Dios en el silencio del desierto, como el profeta Elías, quien también acude al monte Horeb en un momento de crisis, como hizo Moisés en su día, y cuyo encuentro con Yavé es descrito con bellas palabras: «Y he aquí que Yavé pasaba. Hubo un huracán tan violento que hendía las montañas y quebrantaba las rocas ante Yavé; pero no estaba Yavé en el huracán. Después del huracán, un temblor de tierra; pero no estaba Yavé en el temblor. Después del temblor, fuego; pero no estaba Yavé en el fuego. Después del fuego, el susurro de una brisa suave. Al oírlo Elías, cubrió su rostro con el manto, salió y se puso a la entrada de la cueva. Le fue dirigida una voz que le dijo: "¿Qué haces aquí, Elías?"» (1Re 19,11-13).

Esa misma brisa suave en la que Dios habla es la que alcanzó a escuchar también Juan el Bautista, el último gran profeta del desierto: «En este tiempo la palabra de Dios le fue dirigida a Juan, hijo de Zacarías, que estaba en el desierto» (Lc 3,2). La novela *El Bautista* de Javier Sicilia (Ed.

Jus, México 1995) describe de forma figurada e íntima ese encuentro de un buscador de Dios con la voz de la vida. Estar en el desierto no es solamente un lugar físico, sino una actitud a partir de la cual poder encontrarse con Dios. Si analizamos la vida de los santos y santas a lo largo de la historia, descubriremos en sus itinerarios, como una constante, los desiertos por los que tuvieron que transitar antes de desarrollar las vidas por las que posteriormente han sido recordados. El mismo san Pablo reconoce que, después de su conversión, pasó tres años en Arabia antes de iniciar su vida misionera (Gál 1,15-18).

También el propio Jesús, después de su bautismo en el Jordán, se sometió al reto de salir al desierto a buscar la voz de Dios: «Jesús volvió de las orillas del Jordán lleno del Espíritu Santo y se dejó guiar por el Espíritu a través del desierto, donde fue tentado por el demonio durante cuarenta días» (Mt 4,1). Cualquier persona que se quiera aventurar a salir al encuentro con el Dios de la Vida tiene que tomar primero el camino del desierto, en el cual no solamente habita Dios, sino también los demonios y las tentaciones que acompañan el camino de la vida. Poco a poco va aprendiendo a distinguir las voces de la tentación de la suave voz de Dios, como enseña tan acertadamente san Ignacio de Loyola, uno de los grandes maestros del discernimiento, que, como indica, solamente se puede llevar a cabo en el desierto, lejos del ruido que habitualmente satura nuestras vidas.

De forma simbólica, la experiencia de Dios en el desierto, tanto de Moisés como de Elías y del mismo Jesús, duró cuarenta días y cuarenta noches, es decir, un ciclo completo. No es una experiencia apresurada ni súbita, sino un tiempo suficiente para poder acallar las voces que se tratan de imponer, los huracanes, temblores y fuegos de la vida que ofuscaban a Elías, para que Dios nos pueda hablar como ya quiso hacer en el jardín de Edén: «Oyeron después la voz de Yavé Dios que se paseaba por el jardín, a la hora de la brisa de la tarde» (Gén 3,8).

10
El éxodo de la muerte: la salida definitiva

«Vuestros cadáveres caerán en este desierto,
y vuestros hijos serán nómadas cuarenta años
en el desierto» (Núm 14,32-33).

No podemos finalizar esta reflexión acerca del éxodo, o de la salida, sin hablar también de la muerte, como tampoco podemos hablar de la muerte, sin hablar del éxodo. La muerte es, inequívocamente, el éxodo o salida definitiva de este mundo, limitado y caduco, hacia la tierra prometida, el mundo de la libertad y de la vida sin límites. El relato bíblico del Éxodo afirma que todos los hijos de Israel que emprendieron el camino hacia la libertad, incluyendo a Moisés, su guía, murieron en el desierto, pues tentaron a Dios una y otra vez y no creyeron en sus promesas: «Porque vieron mi Gloria y mis maravillas, vieron lo que hice en Egipto y en el desierto, y a pesar de eso me tentaron más de diez veces y no me escucharon» (Núm 14,22). No hay que entender su muerte simplemente como un castigo –¿cómo iba a castigar Dios a Moisés, quien cumplió con fidelidad su encargo de guiar al pueblo de Israel a pesar de todas sus rebeldías?–, sino más bien como un tránsito ineludible en el que se liberaron de su falta de fe y se entregaron por completo al Dios de la Vida. Su caminar por el desierto además no fue en vano, pues le abrió las puertas de la tierra prometida a sus descendientes.

En el modo de pensar oriental, lejos del individualismo que define el pensamiento occidental moderno, el énfasis siempre recae en el grupo o en la comunidad. En ese sentido, la muerte que sufrieron los iniciadores del Éxodo no fue una destrucción, sino que formó parte del proceso que tuvo que vivir el pueblo de Israel para poder completar el itinerario que Dios les había indicado. La vida no se acabó con ellos, sino que se prolongó en sus hijos, que harían suyas las enseñanzas aprendidas en el desierto, como nos recuerda el mismo texto: «Moisés dijo: "Yavé ha dado esta orden: Guardad una medida de maná para vuestros descendientes, para que vean el alimento que os di de comer en el desierto cuando os hice salir de Egipto"» (Éx 16,32). La memoria agradecida incluye recordar la vida y el camino que llevaron a cabo los antepasados ya difuntos, cuya muerte alcanza su pleno sentido dentro del proyecto que tiene Dios para su pueblo.

Según el relato bíblico, el éxodo duró cuarenta años, que es un número simbólico que abarca la totalidad de un ciclo vital, sus cuatro puntos cardinales. También coincide con la esperanza de vida a la que podían aspirar las personas en un entorno natural en la Antigüedad. Por lo tanto, podemos afirmar que el éxodo es una experiencia que dura toda una vida y que se culmina con la muerte. «Acuérdate de todo el camino que Yavé, tu Dios, te ha hecho andar durante estos cuarenta años en el desierto *para humillarte, probarte y conocer lo que había en tu corazón:* si ibas o no a guardar sus mandamientos» (Dt 8,2). Menciona el llamado *discurso de Moisés,* dándole un sentido integral al éxodo de la vida. Desde el punto de vista de esta narración, la vida es una oportunidad para purificar las intenciones del corazón, y así poder prepararse para entregar esa misma vida a su Creador.

Una vida queda, pues, definida por el camino recorrido, más que por una meta alcanzada, pues la meta siempre es Dios, quien es la verdadera tierra prometida. «Pero nosotros somos ciudadanos del cielo, de donde esperamos como Salvador al Señor Jesucristo, el cual transfigurará este miserable cuerpo nuestro en un cuerpo glorioso como el suyo, en virtud del poder que tiene de someter a sí todas las cosas» (Flp 3,20-21), afirmará san Pablo siglos más tarde, al entender que la verdadera patria hacia la cual nos dirigimos es la patria celestial, y no una tierra definida por unos límites geográficos. El éxodo en un sentido existencial es una peregrinación que tiene una meta determinada –Dios– y en la cual lo importante son las definiciones que llevamos a cabo a lo largo del camino, como lo fueron para el pueblo de Israel frente a los constantes retos con los que fueron probados.

A lo largo del camino de la vida, como indica Moisés, Dios espera de nosotros que podamos adquirir la humildad de reconocer que todo bien proviene de Él, y ablandar nuestro corazón para poder guardar sus mandamientos, que, como